ediciones carena

JOSÉ ÁNGEL MARÍN

NUNCA SUPE NADA

JOSÉ ÁNGEL MARÍN

NUNCA SUPE NADA

Primera edición: febrero de 2024

© José Ángel Marín, 2024
© Ediciones Carena, 2024

Ediciones Carena
c/Alpens, 31-33
08014 Barcelona
T. 934 310 283
info@edicionescarena.com
WWW.EDICIONESCARENA.COM

Diseño y maquetación: Adrián Vico
Ilustración de portada:
Antonio Hervás Amezcua, *Ventana 18*
(Serie © *Ventanas de Manhattan),*
grabado sobre plancha de hierro (monotipia, 50 x 30 cm, 2007)
Ilustraciones de interior:
Antonio Hervás Amezcua
De la página 15: © *Algarabía* (óleo sobre lienzo, 40 x 40 cm, 2004)
De la página 55: © *Melancolía* (óleo sobre madera, 40 x 40 cm, 2020)
De la página 85: © *Campos de agua* (óleo sobre lienzo. 60 x 73 cm, 1988)

Revisión supervisión: Jesús Martínez
WWW.REPORTEROJESUS.COM

Depósito legal B 5585-2024

ISBN 978-84-19890-52-8

Impreso en España - Printed in Spain

A quienes me enseñaron algo,
y a los recién llegados
que me siguen enseñando.

Si el corazón pensara, se pararía.

Fernando Pessoa

I

SOBRE EXISTIR

ARAUCARIA

De su lento crecimiento
vengo tomando ejemplo.
Tanteo sus piñones arrancados por el otoño,
y de su aroma forestal de conífera ancestral
está prendada mi nariz.
También de su flor femenina
que como pezón punzante
añade sabor de ornamento
a la simbología mapuche.

De vez en cuando,
abrazo el tronco de la araucaria,
como haría un turista que exprime fin de semana,
y siento su corteza gruesa resquebrajada
y su raíz sigilosa.
Y ella me regala sus escamas protectoras
de madera blanquecina,
y me eleva hasta los cincuenta metros de altura
de su copa.
Y desde allí imploro clemencia
del hacha asesina.

ARENA

Apriétala,
presiona,
ten la fuerza bastante
para aplastar cada grano.
Estrújala con las yemas de tus dedos
y con la palma de tu mano.

Presiona, aprieta,
siente el espejismo
de la zarpa segura.
Siente su dureza granítica
y su trama.
Siente como resbala
igual que el agua
cuando escapa
de tus manos
con su música
de violines.

A SIMPLE VISTA

Aquello no visto a simple vista
es poesía pintada sobre tus alas
de celofán,
de libélula encendida
en verdes esmeralda.

Eso que parece no estar
a simple vista, pero aflora
tras esa lágrima indecisa.
Esa oculta mirada furtiva
o el inexplicable flotar
de las diminutas partículas
inquilinas de nuestro desván.
Eso será.

Hay poesía en la cámara lenta
que sostiene tu media sonrisa
cuando te cuelas en mi alcoba.

Hay poesía en el paso fugaz
del delirio a la perplejidad.
En el tránsito hacia el sueño,
y en el vértigo de tu presencia
entre mis sábanas atribuladas.

También la hay en ese vacío
del alma
a propósito de la nada.

AZAFRÁN

Digo que es rojo,
y tú que amarillo.
¡Pongámonos de acuerdo!

Quizá sea del color
del ladrillo
y de la mojada arcilla
que por tramos brilla
en una pina ladera.

Rosa del azafrán
en tonos magenta,
de violeta coctelera
en pétalos vino tinto.
Aderezo de un Olimpo
de sonrisas y de setas
bien guisadas
por tus manos expertas.

BOSQUE SOY

Desde la copa de la fronda
a la estera de hojas
que tapiza el suelo.
En la raíz y en la sombra
soy bosque de bruma densa.
El arrumaco del agua
y el canto del regato
sobre las piedras lisas.

Soy el crepitar de ramas secas
y aroma comestible de hongos
bajo el fresno.
También la ocurrencia
de unas flores omitidas
que suplican indulgencia
bajo el olmo concienzudo.

CASO MONDRIAN

Piet tiene su universo
en la casa encantada
del claustro materno.

En su mundo geométrico
de fantasmas y rocas graníticas,
hay soñadas retículas
de infancia,
y espectros
arrastrando cadenas
por la galería plana
de su alma compleja.

Cuando miro sus telas
él me hace señas con el bigotillo,
carraspea y luego me da casquera
sobre su itinerario de líneas rectas.

En el hospicio de sus lienzos
hay también otros huérfanos
y muchos parientes cubistas
de radical pureza.

Con su cara de bedel recién jubilado,
con su visión simétrica de red austera,
la escala de colores me parece otra.

Con sus primarios ritmos cromáticos
invoca la belleza vertical
en el horizonte punzante
de un damero de vanguardia.

DE ABEDUL

La hoja se balancea
sobre su rama seca
de abedul.
Busca la brisa propicia
antes del salto a la inquietud.

Se suelta y la mece un viento
que la suspende en el aire
como si fuera una niña
que calza zapatos nuevos,
como si fuera un ángel
mudado en naipe
de cierto agüero.

ÉGLOGA INVERSA

En sus brazos hurtados de ocio
solo acumula trabajo,
y en su lomo doblado de esfuerzo
muchos cercos de sudor añejo.
La camisa lleva tiesa
de solanas y cierzos.
Los dedos nudosos
y las manos ásperas
como sarmientos.

En los días de faena, que son todos,
la campiña no es aliada de su sueño,
ni de aquella colcha cosida a retazos.

Ya esperan en el presuroso aprisco
las cabras y los tiernos lechales,
que tampoco entienden de festivos.

En el tajo su jornal diario
y en el agua del botijo
el paraíso terrenal.
No hay, en fin, en su existencia
un prado esmaltado de amapolas,
ni de endecasílabos;
solo los desplantes de Cupido
en cuanto llega al cortijo.

EL BÚHO

Se fija mucho el bicho,
no muerde, pero tiene pico.
Nunca sé si está enfadado
o sorprendido.
Es pájaro de potencia esotérica,
piloto emplumado de vuelo sigiloso.
Ave que vela cuando todos duermen,
todo un vigía alado de los silencios,
retador de prudencia y de canciones,
un tótem de túnica clarividente,
cómplice nocturno de la Luna.
Amuleto y centinela
siempre alerta,
envuelto en su gabardina de plumas.
Animal sabio que escudriña
desde su laboratorio en un árbol.

ELÍSEO

En el cielo hay un infierno
que se enciende día a día,
que en jornada de borrasca
casi siempre se me olvida.

En el cielo hay luz incandescente,
un adoquinado de lava,
un elíseo sin heredad
que la tormenta atempera
y refrescan las nubes.

ENTRE SAPIENS Y NEANDERTAL

Tiene cara arqueológica
y disfruta como cachorro
en un centro comercial.
Quizá si lo dijera un paleontólogo
parecería mucho más serio
esto que escribo cuando descubro
que mi yerno es eslavón perdido
de la teoría evolutiva.
Si Darwin lo viera
lo metería en un frasco de cristal
y haría un documental.
Dentro de un tarro cilíndrico
quedaría de perlas,
se sentiría como en casa,
como en su Atapuerca natal.

ESPIRAL

Hay días en que me duele
la cal de los huesos,
en que el desaliento se instala
y hace campamento.
Hay mañanas en que busco un sumidero
que se trague los miasmas de mi cuerpo.
Hay días que soy presa de membranas
y de harapientos reptiles hambrientos.
Son jornadas en que abandono mi puesto
de guardián de eclipses.
Son mañanas en espiral cotidiana,
de hiel, vinagre y círculos concéntricos.

JARDÍN DE INVIERNO

Tengo en mi jardín de invierno
dos cerezos amigables
que cimbrean sus ramas
en una lengua romance.

Del uno al otro hay un hilo
como cordón umbilical.
Son dos cerezos gemelos
que al caer la escarcha
se dan consuelo
con las pinzas del tendedero.

LA CASA

Donde no hay confusión ni abandono,
aunque falte bricolaje.
Donde siempre sabes encontrar
las galletas saladas.
Donde los miedos quedan en la puerta
y sobran apariencias.
Donde el reposo y el pijama
se imponen por decreto.
Donde en los hijos se ciñe
el amor de una madre.
Donde huele a eso que reconforta,
y a tostadas de virgen extra.
Donde caminas tranquilo y a ciegas.
Donde los tópicos son quimeras,
y apretando una almohada
se siente el calor del trópico.
Donde diste lo mejor de ti
al limpiar la nevera.
Donde la naftalina del armario
te vistió de etiqueta.
Donde en invierno te caldeas,
y en verano refresca.
Donde mejor hiciste la siesta,
solo o en compañía.

Donde eres ermitaño
y también un pirata uraño
que carece de dueño.
Donde todo lo regentas
con puño algodonado.
Donde el vaho de la ducha
delata rostros ocultos.
Donde el olor a pan crujiente
decora cualquier estancia.
Donde hubo ángeles de incógnito
que nos salvaron de las llamas.
Donde hay agua blanda de azahar.

El sitio donde dejamos inscritas
más sonrisas y menos lágrimas;
justo en el kilómetro cero de la vida.

LA CHELISTA

En la hondura existencial del violonchelo,
en los acordes esclarecidos de sus cuerdas,
encuentro la lucidez ansiada del que declina,
de quien toma conciencia clara de sí mismo.

El ronco registro del chelo atrae voces de gruta,
un frotar de mundos vibrantes que ya fueron,
y que me incorporan a aquella libertad esquiva
del que consigo mismo busca alguna coherencia.

En su mágica poción sonora y mixtura sensitiva,
escucho el azogue de siglos brotando de su caja;
allí la ternura y el enojo en raudales de belleza.

Maestra de ceremonias y envuelta en esa cordura,
encuentro a la chelista que toma su arco y vela,
que como venablos clava sus derramas canoras.

LÁMINA DE AGUA

Sobre la superficie del lago
dos patos nadan entre confidencias
y con sus picos se hacen carantoñas.
Tienen medio cuerpo dentro del espejo
del agua,
y a ratos sumergen también la cresta,
y esconden la cabeza
simulando ser bola de plumas,
sin cuello ni alas,
sin ningún sustento
sobre ese cristalino
que les hace de cuna.

Sobre la lámina líquida
dan rienda suelta
a su fraternidad acuática.
Sobre la balsa calma
se persiguen y deslizan
trazando ondas y estelas.

Provocan en mí la envidia
de quien anclado los mira
desde la orilla.

LAZARETO

El dolor de la existencia
tiene sus propias razones,
aunque pocos las compartan.
Es el precio que comporta
haber llegado a esta orilla
desde aquel otro averno
más allá de las galaxias.

La congoja del vivo
tiene a veces sus reglas.
Pero se me antojan extrañas
o llenas de sospecha.
Son como fiebres que acechan
cuando menos las esperas,
pero que aguardan en la maleza
de una tarde cualquiera.
Son la tempestad cotidiana
que, con más o menos cosmética,
hace del mundo lo que siempre ha sido,
con sus navajazos y destellos,
con sus imposibles necesarios
e intercambios de papeles,
con su caos de prioridades
y con las bellezas ocultas
que caben en un lamento.

MANSA LECTURA

La carne en flor,
la puesta de sol
sin prisa,
dócil y oblicua.

Entre las manos
la lectura mansa
y en el cielo
el vuelo de pájaros.
Su trino es oriundo
de aquellas ramas
selváticas,
de aquellos tallos
donde penden
inesperadas
tus preguntas.

MISANTROPÍA

Que la existencia se nutra
del pecado y la virtud
habla de un latente combate
donde pasión y desasosiego,
tienen también su rol.

Tal vez sea un disparate
que la realidad se cebe
de hastíos y entusiasmos.
Pero también es acicate
en este juego de contrarios
empeñados en el alarde,
en una batalla de engaños
antes de dar jaque mate.

NATIVO DIGITAL

Ya casi piensa,
y en la próxima actualización
hasta puede que comprenda
que su pérdida de identidad
forma parte de la contienda.

Ya casi piensa
y en cuanto reinice el programa
quizá perciba de nuevo
que su existencia virtual
es de cartón-piedra;
un nosequé sensorial
del todo prescindible.

Ya casi piensa,
pero eso ya no importa.

Ya casi sueña con su avatar,
con ese dios cibernético,
huésped de computadora
que neutraliza el alma,
que despoja de la esencia,
que parasita al usuario
como si fuera el tiesto vacío
de una mentira.

Ya casi sueña
con ser otro borrego aburrido,
otra oveja que ladra hacia adentro.

OBLICUO

Sol oblicuo se cuela entre las nubes
en el crepúsculo curvo.
Y sobre los nimbos un octubre
que ya quiere
ser noviembre.

PASEAR OTOÑOS

Mejor si llueve,
mejor si refresca
y se moja la tierra.
Mejor que haga algo de frío
y el viento azote mi impaciencia.
Mejor la intemperie
para que el aguacero arrastre
por el sumidero
un pasado plañidero.

Tomo hoy el paraguas
y calzo botas de goma.
Me visto de presente continuo
y huyo del resentimiento.
Sí, ahora,
ahora
que todavía estoy a tiempo.

PATRIA

La patria que añoro
es una alberca
rebosante de agua,
una pileta repleta de ovas
en medio del soto.

Soy nativo de esa charca
donde la primavera no finge,
de una poza al abrigo de la fronda
donde flotan versos y saltan las ranas.

PERIPECIA

En este escueto viaje que es vivir,
las cicatrices enseñan
más que las caricias.

En el corto periplo en que respiras,
tratas con personas
y con seres pelágicos
que llevan la misma ropa.

En este peregrinaje
que cabe en un suspiro,
todo es laberinto y parodia;
más que vida,
una simple peripecia.

POBRE FELIZ

La felicidad nunca se da entera.
Con suerte te toca un pedacito,
y casi siempre de refilón;
una cápsula de absoluto
disipada en un soplo.

Aquella felicidad completa
de niños rientes
sigue en el baúl,
entre alcanfores
y espejismos con trenzas.

POLIFEMO

No es un donnadie,
ni un majadero cualquiera.
Es hijo de Poseidón
y de la ninfa Toosa.

No es un titán corriente
el único habitante
de aquella guarida oculta
en isla cavernaria.

Aunque no pisara nunca la escuela,
Polifemo es cíclope de verbo copioso.
Un sansón de libro y barba hirsuta
que luce ojo sin par.

Lástima que la lanzada de Ulises
respetarlo no supiera;
otras serían las coplas de Homero
y otro el IX cántico de su *Odisea*.

REPERTORIO CONOCIDO

Un emocionante destino
sobre la partitura,
y su musical sutura
para heridas abiertas.

Un elenco repetido
que siempre aclama el público
y salva al intérprete
cuando las musas se han ido.

SILENCIOS

Mis solos silencios
ausentes de gestos
y ahítos de esperas.

Mis silencios
acurrucan anhelos
y nutren mis venas.

Solo con silencios
se despliegan mis velas.

SONETO DE CARTÓN-PIEDRA

Casi despojado de las ramas más lustrosas
y hurtado de aquellas ternuras de infancia,
arrastra secuelas de paciente desahuciado
y con gran nublado de grises en la cabeza.

Todo son ya frutos caducos y pétalos caídos
encapotando el pavimento por donde pisa;
un perfecto residuo en espera de estercolar
aquella parcela final tras una vida lastimera.

Lejos queda el azul rugiente de las olas,
lejos los bríos de aquel corazón inquieto.
Pero entre canas alguna energía esconde.

Todavía le queda la sed perpetua del verso
aún no escrito y el anhelo de esos infinitos
que son medicina para cualquier cicatriz.

UN AFORISMO

Camina con parsimonia la pereza,
lo hace tan despacio
que en su viajar lento
no tarda en alcanzarla la pobreza.

VENTOLERA TRAS EL CRISTAL

Desde aquí veo como asciende.
La contemplo elevarse en espirales,
vestida de su caos de papelillos y hojas secas.

Se arremolina y acicala,
se apodera de mi calle
y la recorre en torbellinos.
Traspasa el vidrio de mi ventana
y me arrastra hasta los tejados.

Ya estoy fuera, allí arriba,
en su cómplice azotea,
convertido en un bulano,
en un trozo de nube rota.

II

SOBRE AMAR

ACANTILADO

Aunque no vivo en la cima
de mojar mis labios
con tu saliva,
aunque en la anochecida
padezco esa fiebre aguda
de sentir cercana tu huida,
aunque vivo encaramado
en la pared rocosa
de tu ausencia reiterada,
y aunque aquí no crezca
el matorral de la certeza,
albergo la esperanza
de merecerte todo un día.

CON EL DESAYUNO

Con el desayuno te traigo
el amor a la cama,
y aunque no lleves tacones
voy a darte un par de besos;
uno de ellos con lengua.

Dentro de tu pijama me esperan
muchos domingos por la mañana.

Hueles desde temprano
a pan horneado con leña;
y, hasta en el crudo abismo
de tus horas más bajas,
quiero danzar contigo
aquella canción favorita;
aunque sea de nuevo
la calle
nuestra pista de baile.

ATARDECER

Me roza la luz del atardecer
como hizo esa mariposa
que persigo desde niño,
que me esquiva cada vez
que se adelanta, que bate alas,
que me mira desde una amapola
con sus ojos de cabeza de alfiler,
que me reta,
que un día y sin esperarla,
llegó a mi vera,
se posó en mi rodilla,
de improviso, por sorpresa,
cuando yo más tranquilo estaba
sentado en aquella piedra plana
del collado
donde nunca llegan mariposas.

BRÚJULA ROTA

Rompes mi brújula
cuando me miras con hirvientes ojos de brea,
cuando llamas a mi puerta
con el dulce alquitrán de tus candiles
pareados.

Rompes mi brújula y me desmontas
cuando me haces flotar por las dunas
de las sábanas despiertas que trituras.

CANCIÓN DE MENTA

Casi me gusta que no nos entiendan,
como ocurriría a Nicanor Parra si estuviera.
Que nadie comprenda por qué con sílabas
acaricio ese pañuelo tuyo tejido de seda.

Que nadie entienda
nuestras noches de menta
sobre la arena.
Sí, mejor que nadie lo entienda.

CARPETAS VACÍAS

Una mesa limpia de reproches
certifica tu famosa indulgencia.

Y en ese hueco que queda
encuentro el desconcierto
por no tenerte más cerca.

DEIDAD

Hay un dios en cada instante,
un dios creador de universos
a cada segundo.
Un dador de plenitud
si contigo son los momentos.
Uno que autoriza
nuestras miradas
de deseo enfrentadas.

Hay un minúsculo demiurgo
que en su taller rutinario
bruñe nuestros afectos.
Ese dios que en cada trance
fabrica infinitos
que duran un solo instante,
y vertebra
nuestro ceremonial de ternura.

Un dios sin doctrinas ni teologías
al que rezo millones de veces al día.

DE TU ESPALDA

De tu espalda busco
su tensión arqueada,
el alabeo de su perfil curvo;
esa comba donde obtuve
algunas certezas.

En la distancia que media
desde tu cintura a tu nuca,
cupieron celestes nebulosas
y hasta el lucero del alba.

En tu espalda ondula
y se cimbrea
el deseo color canela.
En aquella cárcava fragante
de vainilla y aurora
entono el ronroneo
de miles de plegarias.
En tu espalda exacta
recito coplas ignotas
al clarear del alba.

DISTANCIA

La distancia es yegua
de crines rizadas y pelaje oscuro.
Es cabalgadura trotona
de pezuñas aventureras.

Es montura lanzada
a galope tendido
con la mirada clavada
en un recuerdo difuso.
Es yegua que vuela
hasta la aurora,
y tiende su cola afilada
para huir de las sombras.

EN COMA

Solo un beso
me sacará del letargo.

Solo tu caricia clandestina
vencerá esta grima
embutida como pulpa densa
en lo remoto de mi médula.

GARGANTILLA DE LIBÉLULA

Cubre tu cuello sin estrépito
ese pañuelo de rimas ocultas
que hace sonar cien violines
e inflama el cristal de mi pupila.

Ese pañuelo cobra vida
al rodear tu garganta,
y anuncia tu huella victoriosa
de mujer sempiterna
desde el promontorio
de tu pecho lucernario.

Tu pañuelo alivia mi derrota
y borra el drama cotidiano.
Mis cuitas hallan remedio
en ese percal sencillo
que se derrama en tu busto
con su festival de hormonas.

JUGAR CON FUEGO

Me hiciste olvidar
cuanto supe de mí
y apostaté de mis pasos
y de sus métricas átonas.

Ahora soy rastrojo,
un solar de nostalgia,
un completo despojo
que solo te ve de lejos.

Me contemplo vagar
fuera de mi cuerpo
por una ruta desolada
y sin rumbo cierto.

LA LUZ QUE PUDE VER

Fue tu luz, la que pude ver,
la única que hoy recuerdo.

Fue aquella bujía
la que reintegró mi vida
a aquel huerto encendido,
y a tu cielo de teas
siempre abierto.

LLOVIZNA

Cae sobre mi tu mutismo
como agua fina,
como llovizna
despreocupada
que acuna el oído
antes de desbordar el río.

Caen sobre mi tus callados reproches,
y yo los barro con el dorso de la mano,
y los pongo en esa jaula de tristeza
acumulada.
Entre barrotes coloco tus quejas
antes de que muden tus lágrimas
en plomo derretido.

LLUVIA

Ya sé por qué es triste la lluvia,
y por qué las nubes se empujan
a tu paso,
por qué descargan su marea,
por qué apenas mojan tus mejillas;
por qué a mí, sin embargo,
me encharcan el alma entera
cuando pasas tan cerca
y ni me miras.

LUNÁTICOS

La Luna no es nuestra;
somos nosotros de ella
como son los peldaños
de una escalera.

La noche va con ella
cuando quiere ser libre.
Con ella van las mareas
y las lunáticas cosechas.
Con ella el adagio nocturno
y las femeninas aritméticas.

MÁSTIL

Te observo desde el mástil de aquella nao
donde como ermitaño resisto encaramado.
Te miro desde el palo largo de este velero
de navegante varado en tu mismo puerto.

Desde allí, y después de siglo y medio,
alargo mi mano y creo acariciar tu pelo.
Lo hago a cámara lenta,
con el tacto de la brisa,
con los sarmientos de mis dedos
que claman por tu encuentro,
en la tentativa del náufrago
que palpa su desconcierto.

NOCHE DENSA

Noche densa
de sábanas dolientes
y remotos perfumes
de hembra.

Noche densa
de amor extenso
y poros abiertos
a la espuma.

Noche insomne
velando armas
de derrota.

NUNCA SUPE NADA

Del amor no sabía nada
hasta que llegaste a mi vega,
y con aquel pañuelo de seda
rodeaste por fin mi existencia.

No importó el poco tiempo,
ni si tú eras el amor que se espera.

Coincidir contigo,
de repente,
fue jugada del destino.

OJOS

Tu pecho siempre fruta
salpicada de aromas.
Y en tus pupilas dos ventanas
desde donde miran
dos perlados jinetes
hambrientos
de cabalgadura.

PAN DE PUEBLO

Guardo todavía la mejor sonrisa
para cuando llegues
a la encrucijada
de los sauces.
Y llevo aún en la cesta
un hatillo de pan tierno
y corteza gruesa,
del más crujiente,
horneado con leña.

Guardo todavía
el tacto y la caricia
de mi mano ingenua,
con la ilusión perpetua
de aspirar tu aroma, a solas,
si algún día asomas por la vereda.

PÉTALO

Jugar a arrancar pétalos
es una tarea muy seria.

Es lance de adivinación
que está solo a la altura
de un alma enamorada
que hace mil conjeturas.

POROS

En la sima de tu pecho
pongo mi cabeza gacha,
y al aspirar la fragancia
de tu piel discreta,
rezo mil plegarias
en un solo suspiro.

De la armonía secreta
de esos tuyos aromas
me hablan las cariátides
de la antigüedad clásica.

PUPITRE

¿Cuántos papeles de lija tararearon su textura?
¿Y cuánta tinta benévola derramada en sus vetas?
¿Cuántos veniales desengaños y cuántas certezas?
¿Cuántas chuletas, corazones traspasados y cornetas?
¿Cuánta poesía candorosa que nunca salió de tu boca?

TACTO

Ahora que no nos vemos
me alcanza tu tacto lejano.

Ahora que no nos tocamos
froto cada día tu mano atenta.

YA NO TRUENA

Ya no truena
y quizás debiera.
Debiera porque te has ido
por la misma puerta
por donde apareces
y me arrancas la ropa.

Ya no truena
y debiera.

III

SOBRE EL MORIR

AJEDREZ

Planea en una partida
el ataque y la defensa.
Juntas
diplomacia y contienda
en coreografía tensa
de blancas y negras.

Retícula y tablero
de retinas atentas
a dos ejércitos de trebejos
en cúmulo de estrategias,
en gambeteos complejos
de una cábala irredenta
donde flotan
los átomos del universo.

Un piélago de implícitos
en el eterno malabarismo
de piezas prestas a maniobras
y también al sacrificio.

Y desde el altar austero
de su ferviente casilla,
desde su peana sencilla,

aquel peón negro cavila
con ansia;
desde allí aspira
a su gran meta
en la octava fila.

A RATOS

A ratos dudo
de mí misma,
y tengo la sospecha
de que no sea yo quien habla,
ni yo sea la que habita
esta blusa que llevo puesta.
A ratos dudo
de que sea este mi tiempo;
y con pudor vacilo,
y hasta huelo
el sudor ocre
que detiene el crono;
y regreso al rincón vacío
del que procedo.

A ratos dudo y me retraso,
y hago conjeturas
sobre utopías íntimas
jamás escritas, nunca dichas,
y a las que aspiro en secreto;
donde todo es transparente
y casi puro.

CAMUFLAJE

¡Qué bien te queda la máscara, por cierto!
¡Qué bien enjaulado te veo en tu mazmorra
con tu camuflaje de conveniencias a la moda!

Es acción milagrera que hace de ti esquirla,
una viruta de convencionalismo,
un montón de serrín de ti mismo;
y ya formas parte del séquito de comparsas
que, sin timón ni rumbo, encuentran consuelo
en ese jardín sin verde ni esperanza
donde se vegeta muy a gusto.

Ahora soy súbdito campechano de reino adusto,
donde no hay árboles ni susurro.
¡Qué bien me queda la máscara, por cierto!

CIUDAD FANTASMA

Habito un coto casi civilizado,
un sitio contento de su ruina
y conformismo,
un lugar que se flajela
con paciencia infinita.
Habito el paraíso del letargo,
aquel somnoliento andurrial
que aún simula que respira.
Un bache apodíctico
donde la verdad no cuenta,
donde todo es telaraña,
palabrería y botellas vacías
llenas de fantasmas.
Un pozo de mentiras
donde merodean espejismos.
Una garita de buhoneros
y territorio de rufianes,
de traficantes de ideas ajenas,
de podadores de ilusión, a diestro y siniestro;
lugar donde las apariencias hacen cola.
Tierra encallecida y huera,
aunque preñada de leales historias.
Es un barrio de ninguna parte
donde la yerta existencia

circula en cinta transportadora
de almazara funesta.
Una urbe de cartón-piedra, crédula,
envuelta en bolas de borra
que recorren unas calles
donde ya nadie asoma.

COMO LA SEDA

El futuro va vestido con lujosas bolsas de basura
y lleva guantes de fieltro que le quedan de perlas.
Luce al pescuezo un gran lazo color crisantemo,
pues se sabe victimario de nuestro único destino.

Con su esplendor de terca ceniza en camposanto,
teje para cada uno un desabrido fular de raso;
de una seda negra recién tendida sobre la estera,
donde caben cien universos que ya no esperan.

El futuro hizo un gran pacto con la genética,
y nosotros somos resultado de aquel incesto:
un producto tan crédulo como vanidoso.

El futuro se alimenta de mil fuegos perversos
y, desde luego, de nuestras cataratas de besos,
de ese torrente que, llegado el caso, nos salva.

CONNIVENCIA

En este mundo autista
sojuzgado de tecnologías
luce el triunfo planetario
de los tiranos rampantes
y sus disfraces mesiánicos.

Medran ellos y sus clientelas
mientras caen los discrepantes
desde la Roca Tarpeya.
Río abajo vemos flotar sus cuerpos
ya mudados en cadáveres azulados,
como troncos a la deriva,
medio sumergidos,
como buzos sin brazos
a los que peces voraces
muerden los ojos
a dentelladas de ignominia.

CUNETA

En esta cuneta
donde se arrumban bolsas de plástico
y latas oxidadas de refresco,
encontré una esperanza rota.

En esta cuneta
de carretera secundaria
he consumado mis fracasos,
y he huroneado un buen trecho
hasta que los relentes nocturnos
congelaron todos mis anhelos.

EN LA GUANTERA

En esta guantera no cabe un alfiler;
ya no cabe nada, ni un chicle de menta.
No cabe una partida de nacimiento
doblada por sus cuatro esquinas.
No entra ni una tarjeta de crédito
en descubierto y fuera de fecha.
No hay sitio ni para dos líneas paralelas,
ni para una pluma nostálgica
de aquel jilguero muerto
que tanto lloraste
cuando eras niño;
no cabe siquiera
su recuerdo.

ESCARBA

Un día cualquiera de playa
la niña
escarba la arena,
mientras su madre sobre la estera
culpa al padre que lee el *Marca*.

La cría horada la arena
con un afán de otra época,
con la esperanza remota
de que no se hunda la greda.
Pero no hay suerte.
Todo se viene abajo,
y ella azota el suelo
con su manita
mojada de enojo.
Luego, vuelve a la carga
con la prisa y el brío
de una chiquilla
que derrocha energía.
Y allí se deja las uñas,
sus uñitas de cera,
escarba que te escarba.

Su padre cierra el periódico
y pregunta a la niña
por su cavar sin medida.
Y ella responde
que cava una tumba
para las medusas
que lleguen a la orilla.

GEOPOLÍTICA

Pese a lo abrumador y permanente
que pudiera parecer,
el presente
es fugaz.
En el mapa terráqueo
solo perdura
la ubicación de los pueblos.

En épocas de agitación
levantamos
fronteras arbitrarias,
y se formaliza el odio
en un escenario de alambradas,
sin lógica geográfica,
sin la fuerza
de la cultura compartida.
Fronteras de tiralíneas que desprecian
la elemental geografía,
que desatienden al río y la cordillera,
que anulan lo físico,
que auguran el cataclismo
de la política futura.

INFLUENCER

No sé si es macho o hembra,
si es moreno o rubio,
si gordo o flaco,
si cretino o gaznápiro.
Lo poco que tengo claro
es que todo lo perpetra
a través de redes sociales.

A veces bate un récord
comiendo de una sentada
toneladas de salchichas.
Otras disparando a peleles
con cara de gilipollas.
La RAE recomienda
que lo llames influenciador,
o influidor,
si te pilla de buenas.

Curioso neologismo
del futuro que arrolla
con sugerentes arrullos.

Resulta que el tipo goza de crédito
en el éter nuevo,
donde todo es virtual,
donde —por cierto— tiene bien plantado
su Becerro de Oro.

Un referente —dicen—
para grandes grupos de criaturas;
antes llamados *personas.*
La cosa —según creo— va de masa amorfa,
de gasificaciones y de bazofia con pala,
de doctrina borrega y oratoria comanche.
La cosa va del perdón antes de la culpa,
pues «el buen rollito» es primer mandamiento
en el catecismo bloguero.
Va el asunto de convertir zombis a porrillo,
y de ser muy populares en entornos digitales.
Todo vacío y hueco, desde luego,
pero aplaudido a rabiar.
Y en esa orgía de popularidad rentable
los *likes* son el señuelo que ceba el bicho,
que sale entonces de la crisálida
y trasmuta en *celebrity.*

Sí, la cosa va de mercachifles milagreros,
de narcoevasión y
de alquimias comerciales.

De la mano de semejantes especímenes
vamos todos contentos al futuro.
No rechistes siquiera,
no seas retrógrado.
Y a ver si de una vez por todas
te pones las pilas y nos acompañas
al despeñadero.

INTERSTICIOS

Ahora sus hojas secas habitan las estatuas
y sus vegetales ropas
caídas hoy en tierra
inspiran a los profetas.
Abolidos hoy sus colores rutilantes,
parece que ya no provocan
el milagro de la vida.

Casi no quedan hojas en las ramas
de los álamos que nos vieron pasear
bajos sus verdes resplandores y brillos.
Nada queda de aquel sonoro charol
de amarillos.

Afónico quedó el chopo
sin sus partituras de otoño.
Mudo, en la caída sorda
de sus galas más vistosas.

Ahora el centelleo de su vestimenta
tapiza el suelo con desolados ocres.
Y en la ribera sus yertas hojas pintan
un lienzo en tonos sepia,
una tela presa de olvidos,

de raíces y filamentos,
de añoranzas nunca ensayadas
y de dolor anticipatorio.

LA CHALUPA

Aquel barquito de infancia quebrada
casi flotaba en la ribera africana.
Aquel bote que hacía agua,
fue tu descabello
en un mar adversario.

Fueron tu proyecto
aquellos remos perdidos
en el soplo del olvido.

De nada te sirvió nadar
hacia un horizonte oscurecido
convertido en tu peor enemigo.
Ahora navegas sin latido
con el sufrimiento a la deriva.

Las aguas ya no te dan miedo;
ahora que el mar es un desierto
de expectativas.

PLUTÓNICO

Dedicado a Edgar Allan Poe

Es parte de su natura
la mirada puntiaguda
y su sonrisa escabrosa
como de mortaja abierta.
Es propio de su natura
el aleteo de cornejas
que siempre retornan
al brocal del pozo y a los cipreses.
Son muy suyas esas sombras
que marchitan el dorado
y llenan las catacumbas
de crisálidas catalépticas.

Le pertenece el ahogo de brumas
y esos miedos nocturnos
que asedian su mansión siniestra.
También el tictac inclemente
de aquel reloj ciclópeo
que desgrana horas sin término.
Suyo el rojo diván
de raído terciopelo,
y suyo el láudano
con su hálito denso

suspendido en el aire
como si fuera incienso.

Suya es la pavorosa velada
y la sobrenatural atmósfera
que traspasa el umbral
con voces ululantes
y plutónicas.

QUEMAR LAS NAVES

Se yergue orgullosa
la rampante rosa
en su avance efímero
hacia la nada frívola.

QUIZÁ EL MUNDO

Quizá el mundo
no sea
como yo lo cuento.

Quizá sea
de otra manera
que yo no veo.

Quizá esté equivocado
y me engañan
mis sentidos.

Quizá la historia
sea otra.

REGISTRO CIERTO

El mar recuerda el nombre
de cuantos en él se ahogan,
y son las olas su pasar lista
en la rompiente de las rocas.

La tierra también rememora
a cuantos la estercolan.

Y en el aire afligido suspiran
los ecos de las cenizas
de quienes fueron
lanzados al viento.

RODODENDROS NEGROS

Los rododendros envueltos en humo
todavía perfumaban el aire
cuando la vi salir de su nido
despavorida.

Aquellas llamas furiosas
abrasaban troncos y ramas,
y no le dieron otra opción
que la huida precipitada.

Por un instante,
aquella pajarita se posó
en las vecinas azaleas
que ya empezaban
a marchitarse,
mientras ardía como una tea
su esponjoso cubil de broza.

SIN TÍTULO

Quizá paso por alto
que el amor y el dolor se tocan
como si fueran amigos íntimos.

Ambos encuentran su sitio
en los desafíos cotidianos
y en el infinito innegociable.

SR. LUMBAGO

Entre aquello a lo que aspiro
y lo que palpo
hay una enormidad,
una distancia inasible
gracias a este colega
convertido en algo más que molestia.
Él impone su lógica lumbar
de frontera inamovible y desértica,
con trincheras y alambres de espino.

A ti –quizá– se te antoja muy fácil
rotar en el catre, caminar a ritmo,
ponerte de pie o estar erguido.
Pero esa vertical
es todo un prodigio,
un milagro
cuando el Sr. Lumbago
te visita.

Sí, proeza. Pues el tipo
se acompaña
de orfeón insomne de grajillas,
que con cinceles puntiagudos
te regalan una espalda caliza.

UNA SOLA FECHA

Un solo día dejaré de ser inmortal
y quedaré mudo ante la muerte impía.

En la agenda apenas tengo marcada
esa fecha;
la mantengo a prudente distancia,
mientras aguardo su lluvia certera
de estalactitas
que cubrirán mi pecho
de grietas y hendiduras,
por donde escapará mi alma.

Voy a ser inmortal toda la vida,
salvo en esa fecha.

ÍNDICE

DEL ILUSTRADOR

Antonio Hervás Amezcua (1951).

Es licenciado en Pintura y Grabado por la Facultad de Bellas Artes de Sant Jordi y graduado en Procedimientos Murales por La Llotja (Barcelona). También ha ejercido profesionalmente como profesor titular de Dibujo.

Artista multidisciplinario, domina un amplio abanico de géneros y técnicas como la pintura, el grabado, la escultura, la obra mural y el diseño de joyas. Desde 1972 no ha dejado de mostrar sus obras por todo el Estado español, así como en Islandia, Brasil, Israel, Finlandia, Estados Unidos y Alemania. Actualmente, gran parte de su vertiente creativa se concentra en torno a las actividades de la Fundación Hervás Amezcua para las Artes –entidad fundada en el 2003 en Gavà (Barcelona)– destinada a la difusión y apoyo del mundo artístico y literario.

Dentro de ese ámbito es muy frecuente la colaboración de Antonio Hervás Amezcua con escritores y poetas amigos, aportando obras para sus libros. Se unen así dos diferentes maneras de expresión, dos visiones que generan un diálogo y un eco profundo que transciende la mirada sobre el papel. No es esta la primera ocasión en la que José Ángel y Antonio comparten espacio de creación, le precede *Sala de columnas,* publicado en Ediciones Carena.

ESTA
PRIMERA
EDICIÓN DE *Nunca
supe nada,* DE JOSÉ ÁNGEL
MARÍN, HA SIDO IMPRESA CON
PAPEL AHUESADO, DE 80 GRAMOS.
SE HA UTILIZADO LA TIPOGRAFÍA
GARAMOND PRO. SE TERMINÓ DE
IMPRIMIR EN REPROGRÁFICAS
MALPE, EN GETAFE (MADRID),
EN EL MES DE FEBRERO DEL
AÑO 2024.